Inhalt

Traditionelle Chinesische Medizin (TCM) - Immer neue Erfolge lassen Marktvolumen in Deutschland kontinuierlich steigen

Traditionelle Chinesische Medizin (TCM) - Immer neue Erfolge lassen Marktvolumen in Deutschland kontinuierlich steigen

Autor GENIOS BranchenWissen: A.Schneider

Kernthesen

- Novartis und ein chinesisches Konsortium produzieren ein neues Malaria-Medikament basierend auf dem alten chinesischen Heilkraut "Einjähriger Beifuss".
- Zwei von drei Deutschen würden sich bei

Krankheit am liebsten von Schulmedizin und Traditioneller Chinesischer Medizin (TCM) kombiniert behandeln lassen.

- Das Marktvolumen für TCM liegt in Deutschland schätzungsweise bei über 1 Milliarde Euro.

Beitrag

Ein bei den Chinesen seit Jahrtausenden verwendetes Heilkraut wird zur neuen, hochwirksamen Waffe gegen Malaria. Diese Therapie wird als "der größte globale Erfolg der Traditionellen Chinesischen Medizin" (TCM) gefeiert. Pro Jahr werden in Deutschland mittlerweile rund 500 Tonnen chinesischer Arzneimittel verarbeitet, Tendenz steigend!

Das Beste aus beiden Welten im Kampf gegen Malaria

Aus der Zusammenarbeit westlicher Schulmedizin und traditioneller chinesischer Medizin entsteht ein neues Malaria-Medikament. Jahr für Jahr fordert die Malaria rund eine Million Todesopfer, weit mehr bis zu 65 Millionen Menschen erkranken. Vor allem betroffen ist der afrikanische Kontinent. Der

Schweizer Pharmakonzern Novartis und ein chinesisches Konsortium stellen nun das hochwirksame Malaria-Medikament "Coartem" her. Der Wirkstoff ist Artemisinin und wird aus der Pflanze Einjähriger Beifuß (Artemisia annua) gewonnen. Die Chinesen setzen das Heilkraut schon seit Jahrtausenden als fiebersenkendes Mittel ein. Dieser natürliche Wirkstoff, der derzeit vor allem in den Bergen Südchinas gewonnen wird, wird mit der synthetischen Malaria-Medizin Lumefantrine kombiniert. In den nächsten zwei Jahren sollen 120 Millionen Behandlungseinheiten die Menschen erreichen. Dabei liefert Novartis sogar zum Selbstkostenpreis von 2,40$ an die WHO. (1)

Globalisierung der TCM

Die Traditionelle Chinesische Medizin hat eine viele Jahrtausende alte Tradition. Sie umfasst rund 2 000 Arten von pflanzlicher Medizin und 3 300 andere traditionelle Heilmittel. (2)
60% der Asiaten nehmen pflanzliche Wirkstoffe ein. Insbesondere die Landbevölkerung Chinas wird noch heute überwiegend traditionell behandelt. Doch die Traditionelle Chinesische Medizin hat längst das Reich der Mitte verlassen und sich auf Weltreise begeben. Seit Anfang der 90er Jahre werden

traditionelle chinesische Arzneimittel nach Europa importiert. (3) Die weltweite Anerkennung ihrer Methoden und Heilerfolge hat im 20. Jahrhundert stark zugenommen und die globale Nachfrage nach ihren Heilmitteln steigt ständig. Für die Pharmaindustrie geht es mittlerweile um einen Milliardenmarkt, für die Krankenkassen um Millionen zahlender Mitglieder und für die Ärzte und Kliniken nicht selten ums Überleben. (4)

Die wachsende Nachfrage nach integrativer Medizin...

Auch in Deutschland findet die Traditionelle Chinesische Medizin immer stärkeren Anklang, ergänzend oder alternativ. Die Motive sind unterschiedlich: die einen sind neugierig, die anderen enttäuscht von der Schulmedizin oder geplagt von unerwünschten Nebenwirkungen.Rund 6% der Deutschen haben die Traditionelle Chinesische Medizin bereits ausprobiert. 61%, also zwei von drei, würden bei Krankheit am liebsten vom Wissen aus beiden Welten profitieren und sich von Schulmedizin und traditioneller chinesischer Medizin kombiniert behandeln lassen. Wer bereits Erfahrung mit der integrativen Medizin gemacht hat, ist meist begeistert und bleibt dabei: 89% der TCM-erfahrenen

Patienten würden sich wieder in gleicher Weise behandeln lassen. (5)

...trifft auf ein steigendes Angebot im medizinischen Bereich

Diese gestiegene Nachfrage findet ihren Widerhall in einem wachsenden Angebot. Viele Ärzte, Masseure, Therapeuten und Heilpraktiker haben sich in der Traditionellen Chinesischen Medizin oder in ihren Teilgebieten bereits ausbilden lassen und die Ausbildungsangebote nehmen zu. Immer mehr Ärzte aus China praktizieren in Deutschland. Es werden nach und nach mehr Zentren für Traditionelle Chinesische Medizin eröffnet. Die Forschung läuft auf Hochtouren. Zahlreiche Krankheitsbilder von Neugeborenengelbsucht, Restless Legs Syndrom, Schlaflosigkeit, Allergien, Bluthochdruck bis zur Demenz werden mit Methoden der Chinesischen Medizin erforscht oder gar behandelt. (6) An der Universitätsklinik in Essen ist der einzige deutsche Lehrstuhl für Naturheilkunde mit dem Schwerpunkt für Traditionelle Chinesische Medizin. Im Jahr 2006 soll an der Universität Porto in Portugal ein europaweiter TCM-Masterstudiengang beginnen. Hier sollen die künftigen Ärzte die Methoden der westlichen und der chinesischen Medizin lernen. (5),

(7)

Steigendes Marktvolumen in Deutschland...

Eine genaue Bezifferung des Marktvolumens für Traditionelle Chinesische Medizin in Deutschland ist schwierig, da der Markt wenig transparent und schwer abgrenzbar ist. Die Deutsche Gesellschaft für Traditionelle Chinesische Medizin (DGTCM) schätzt den Umsatz auf dem Markt für TCM in Deutschland auf über 1 Milliarde Euro. Die Umsätze der Anbieter dürften dieses Jahr wohl zwischen 10 und 22% steigen. Pro Jahr werden in Deutschland rund 500 Tonnen chinesischer Arzneimittel verarbeitet. (7), (8)

...und lukratives Geschäft für China

In China gibt es insgesamt rund 5 000 Pharmaunternehmen. Rund 1 100 Firmen befassen sich mit der traditionellen chinesischen Medizin. Die bekanntesten chinesischen TCM-Unternehmen sind Tongrentang und Yunnanbaiyao. 2004 waren mehr als 8 000 einzelne, in 40 Grundtypen eingeteilte und der traditionellen chinesischen Medizin zugehörige Präparate erhältlich. Pro Jahr werden 370 000 Tonnen der TCM zuzurechnenden Arzneimittel produziert. (2) Für China hat sich das wachsende Interesse an chinesischen Heilkräutern inzwischen zum Exportschlager entwickelt. Jährlich werden rund 120 000 Tonnen exportiert und damit über 270 Millionen Dollar erwirtschaftet. (9)

Krankenkassen übernahmen die Kosten bisher nur zurückhaltend, aber auch hier gibt es positive Signale

Wer in den Genuss der Traditionellen Chinesischen Medizin kommen will, muss sich meist darauf einstellen, mehr oder weniger tief in die eigene Tasche greifen zu müssen. Eine Sitzung beim TCM-Spezialisten kostet zwischen 80 und 100 Euro. (7)

Wer sich häufiger von der Traditionellen Chinesischen Medizin behandeln lassen will, sichert sich oft über eine private Krankenversicherung oder zumindest Zusatzversicherung ab. Privatversicherungen übernehmen je nach

Leistungskatalog in Teilen die Kosten für TCM-Anwendungen.

Aber auch immer mehr Kassen übernehmen die Kosten für anerkannte Methoden z.B. auch der alternativen Krebstherapie. Und es gibt Zeichen für weiter fortschreitende Akzeptanz. So erlaubt ein neues Urteil des Bundessozialgerichtes (Aktenzeichen: B 1 A 1/103 R) den gesetzlichen Krankenkassen, Naturheilverfahren, zum Beispiel Homöopathie, stärker zu berücksichtigen als bisher. Dies wird mittelfristig natürlich auch die Attraktivität des Marktes nochmals stark erhöhen. (10)

Qualitätssicherung: deutsche Apotheken gefragt

Nicht immer wird Positives im Zusammenhang mit der Traditionellen Chinesischen Medizin berichtet. So wurden Vorfälle bekannt, dass die verwendeten Drogen mit Schwermetallen, Rückständen an Pestiziden oder Schimmel belastet waren, Inhaltsstoffe verwechselt wurden und sogar toxische Stoffe verabreicht wurden. Unseriöse Anbieter liefern unter Umgehung der Apothekenpflicht TCM-Arzneimittel direkt an den Patienten. Zwar bieten nahezu alle Lieferanten sogenannte

Qualitätszertifikate an, doch nicht immer ist klar, wer in welcher Qualität und mit welchen Methoden geprüft hat.

Gemäß der Paragrafen 43 und 44 des Arzneimittelgesetzes sind in Deutschland chinesische Arzneimittel apothekenpflichtig. Sie sind für die pharmazeutische Qualität der Arzneimittel verantwortlich, müssen die Identität der Inhaltsstoffe feststellen und dürfen die Arzneimittel erst dann verkaufen, wenn ihre Unbedenklichkeit sichergestellt ist. Seit Jahren gibt es verschiedene Initiativen, um die Qualitätssicherung und Standardisierung der TCM voranzutreiben. Dies ist eine wesentliche Voraussetzung für die weiter fortschreitende Akzeptanz der Traditionellen Chinesischen Medizin. Denn eins steht fest: gegen den negativen Einfluss von Medikamentenskandalen ist kein Kraut gewachsen kein westliches und auch kein chinesisches. (8), (9), (3)

Fallbeispiele

Grundprinzip der TCM: Qi im Fluß, Yin und Yang im Gleichgewicht?

Die TCM stellt den Patienten als Einheit von Körper, Geist und Seele in den Vordergrund. Ein Mensch ist gesund, wenn er in Harmonie mit sich und der Natur lebt. Dabei spielen seine Lebensweise, seine Ernährung und sein Umfeld eine wesentliche Rolle. Demzufolge wird Krankheit als Disharmonie, als körperlich-seelisches Ungleichgewicht gedeutet. Ein wesentlicher Begriff der TCM ist das Qi. Es bedeutet in der chinesischen Sprache "Hauch", "Dampf" oder "Atem" und steht für die Lebensenergie, die auf den Meridianbahnen fließt und das Stoffwechselgeschehen des Organismus aufrechthält. Ein anderes wesentliches Grundprinzip ist die komplementäre und reziproke Kraft des Yin und Yang, die allem innewohnt. Yin steht dabei für Erde, Mond, Nacht, Wasser, für Dunkelheit, Kälte, Ruhe, Weiblichkeit, Passivität und Abnahme. Yang dagegen bezeichnet Himmel, Sonne, Tag, Feuer, Hitze, Anregung, Männlichkeit, Aktivität, Bewegung und Zunahme. Wenn der Fluß des Qi gestört ist, wenn Yin und Yang aus dem Gleichgewicht geraten, wird der Mensch krank. Die Methoden der TCM zielen darauf ab, das Qi wieder ins Fließen zu bringen und das

Gleichgewicht zwischen Yin und Yang wieder herzustellen. Das Leistungsspektrum der TCM beruht auf sechs Säulen: Akupunktur oder Akupressur, Moxibustation, Schröpfen, Tuina-Massage, Qi Gong oder Tajji und Kräutertherapie.Bei der **Akupunktur** (mit feinen Stahlnadeln) oder **Akupressur** (mit Fingerspitzen) werden die Energiebahnen, die so genannten Meridiane, die den gesamten Körper durchziehen, stimuliert. Dadurch werden Energieblockaden gelöst, das Qi zum Fließen und Yin und Yang wieder ins Gleichgewicht gebracht. Akupunktur wird bevorzugt bei Migräne, Asthma, Ischias, Impotenz oder Menstruationsschmerzen eingesetzt.Bei der **Moxibustion** wird ein kleiner Zylinder aus getrocknetem und gepresstem Beifuß (Moxa-Zigarre) angezündet und dem zu behandelnden Akupunkturpunkt angenähert. Sie wird beispielsweise bei Erschöpfungszuständen, Appetitlosigkeit, kalten Füßen und Händen angewandt.Das **Schröpfen** kommt zum Beispiel bei Rheumatismus, schmerzhaften Gelenken, Verstauchungen, Facialisparese und Asthma zum Einsatz. Mit kleinen Gefäßen aus Bambus oder Glas wird die Hautoberfläche angesaugt. Durch Hitze in Form von entzündeten, alkoholgetränkten Baumwolltupfern wird ein Vakuum erzeugt.Die **Tuina-Massage** wird vor allem bei Muskelverspannungen, Rückenschmerzen, körperlichen und psychischen Belastungen

durchgeführt.Bei **Gong** handelt es sich um eine Atem- und Bewegungstherapie verbunden mit Konzentrations- und Meditationselementen. Die Übungen dienen vor allem der Vorbeugung. Qi Gong hilft bei Konzentrationsschwäche, vegetativen Störungen und geschwächtem Immunsystem.Ein ganz wesentlicher Bestandteil der Traditionellen Chinesischen Medizin ist die **Kräutertherapie**. Sie setzt Heilkräuter, Wurzeln, Blätter, mineralische und tierische Stoffe ein. Die Anwendung erfolgt in Form von Tees oder Kräuterkissen. Die verwendeten Stoffe werden im pharmazeutischen Sinne allgemein als "Drogen" bezeichnet, was in diesem Zusammenhang nichts mit der Bedeutung des Begriffs "Droge" im Sinne von Rauschgift zu tun hat. (9), (11)
weiterführende Links: (12), (13)

TCM-Vereinigungen:
- DGTCM Deutsche Gesellschaft für Traditionelle Chinesische Medizin, http://www.dgtcm.de
- DWGTCM Deutschen Wissenschaftlichen Gesellschaft für TCM e.V., http://www.dwgtcm.de
- Arbeitsgemeinschaft für Klassische Akupunktur und Traditionelle Chinesische Medizin e.V., http://www.agtcm.de
- Förderverein Chinesische Medizin in Deutschland e.V. - Verein zur Förderung der Erforschung der chinesischen Medizin, http://www.tcm-forschung.de

Zahlen & Fakten

- Rund 6% der Deutschen haben die Traditionelle Chinesische Medizin bereits ausprobiert.

- 61% der Deutschen würden sich bei Krankheit am liebsten von Schulmedizin und traditioneller chinesischer Medizin kombiniert behandeln lassen.

- 89% der TCM-erfahrenen Patienten würden sich wieder behandeln lassen.

- In Deutschland akupunktieren inzwischen mehr als 40 000 niedergelassene Ärzte.

- Die Deutsche Gesellschaft für Traditionelle Chinesische Medizin (DGTCM) schätzt den Umsatz auf dem Markt für TCM in Deutschland auf über 1 Milliarde Euro.

- Die Umsätze der Anbieter dürften dieses Jahr wohl zwischen 10 und 22% steigen.

- Pro Jahr werden in Deutschland rund 500 Tonnen chinesischer Arzneimittel verarbeitet.

- In China gibt es insgesamt rund 5 000 Pharmaunternehmen. Rund 1 100 Firmen befassen sich mit der traditionellen chinesischen Medizin.

- 2004 waren in China mehr als 8 000 einzelne, in 40 Grundtypen eingeteilte und der traditionellen chinesischen Medizin zugehörige Präparate erhältlich.

- Pro Jahr werden in China 370 000 Tonnen der TCM zuzurechnenden Arzneimittel produziert.

- China exportiert jährlich rund 120 000 Tonnen und erwirtschaftet damit über 270 Millionen Dollar.

Weiterführende Literatur

(1) Mittel zum Zweck Gemeinsam mit chinesischen Partnern hat der Pharmakonzern Novartis ein Präparat entwickelt, das der Malaria den Schrecken nehmen soll. Geld verdienen die Schweizer damit nicht, aber sie erhoffen sich ein Entree im Reich der Mitte
aus Financial Times Deutschland vom 17.08.2005, Seite 25

(2) DECHEMA e.V., Hohes Wachstum bei Pharmaprodukten, Trendbericht, 2004, www.dechema.de
aus Financial Times Deutschland vom 17.08.2005,

Seite 25

(3) Neeb, G.R., Zur Situation der chinesischen Arzneimitteltherapie in Deutschland und Europa, 2003, www.tcminter.net
aus Financial Times Deutschland vom 17.08.2005, Seite 25

(4) Luczak, Hani, Chinesische Medizin: Wie sie wirkt, wie sie hilft, Geo Magazin 06/01, www.geo.de
aus Financial Times Deutschland vom 17.08.2005, Seite 25

(5) Traditionelle chinesische Medizin wird von den Deutschen geschätzt
aus DIE WELT, 06.09.2005, Nr. 208, S. 31

(6) VGM Verlag für Ganzheitliche Medizin, Dr. Erich Wühr GmbH, Zeitschrift für Traditionelle Chinesische Medizin, www.ztcm.de, "Archiv & Download"
aus DIE WELT, 06.09.2005, Nr. 208, S. 31

(7) Lukrative Therapien aus Fernost Traditionelle Chinesische Medizin verzeichnet zweistellige Wachstumsraten · Experten kritisieren Mängel bei Ärzteausbildung
aus Financial Times Deutschland vom 07.09.2005, Seite BE4

(8) Hong Choon Tan, Linda, Heilmittel aus China auf dem Vormarsch, Pharmazeutische Zeitung, 2004,

www.pharmazeutische-zeitung.de
aus Financial Times Deutschland vom 07.09.2005, Seite BE4

(9) Morck, Hartmut, Traditionelle Chinesische Medizin. Sinnvolle Ergänzung zur westlichen Schulmedizin, 1999, www.pharmazeutische-zeitung.de
aus Financial Times Deutschland vom 07.09.2005, Seite BE4

(10) Dolle-Helms, Elke, Sanfte Medizin auf Kosten der Krankenkasse, Welt am Sonntag, 11.09.2005, Nr. 37, S. 53
aus Financial Times Deutschland vom 07.09.2005, Seite BE4

(11) Ein Arzt zwischen Tradition und Moderne MEDIZIN Professor Xiaoyung Liang vertraut auf HighTech und chinesische Traditionen.
aus Hamburger Abendblatt, 29.07.2005, Nr. 175, S. 16

(12) Wikipedia, Traditionelle Chinesische Medizin, http://de.wikipedia.org/wiki/Traditionelle_Chinesische
aus Hamburger Abendblatt, 29.07.2005, Nr. 175, S. 16

(13) Arbeitsgemeinschaft Deutscher TCM-Apotheken, Was ist TCM?, http://www.tcm-apo.de/
aus Hamburger Abendblatt, 29.07.2005, Nr. 175, S. 16

Impressum

Traditionelle Chinesische Medizin (TCM) - Immer neue Erfolge lassen Marktvolumen in Deutschland kontinuierlich steigen

Bibliografische Information der deutschen Nationalbibliothek

Die Deutsche Nationalbibliothek verzeichnet diese Publikation in der deutschen Nationalbibliografie; detaillierte bibliografische Daten sind im Internet über http://dnb.d-nb.de abrufbar.

ISBN: 978-3-7379-2726-0

für auszugsweise Nachdrucke, fotomechanische Vervielfältigungen (Fotokopie/Mikroskopie), Übersetzungen, Auswertungen durch Datenbanken oder ähnliche Einrichtungen und die Einspeicherung und Verarbeitung in elektronischen Systemen.